AF329156

# MÉMOIRE

## SUR LE COMMERCE

## DES BRONZES,

*Et particulierement sur l'Etablissement d'une Maison fabricante & commerçante.*

### PAR MAGNIEN.

### A AMSTERDAM.

M. DCC. LXXVI.

# AVANT-PROPOS.

L'Industrie Françoise naturalise tous les genres d'Arts dans le Royaume, & les cultive avec tant de succès, que l'Europe emprunte d'elle de toutes parts avec le plus vif empreßement ses modeles, ses conſommations, ses décorations. Animée uniquement de son propre feu, on l'a vue faire des progrès au milieu même des obſtacles & des découragemens, comme la plante qui perce le rocher & semble se nourrir de ſa propre ſubſtance. Quand des cauſes étrangeres ont renverſé ses Manufactures, ses Fabriques, souvent l'Art leur a ſurvécu, il eſt ſorti de deſſous leurs ruines, il a fleuri.

Elle perfectionne, elle invente. Si la Nation semble avoir elle-même renoncé à la gloire du génie inventif, & s'être contentée de l'honneur d'avoir donné de nouveaux degrés de perfection aux créations étrangeres, elle n'a pas connu ses titres.

C'eſt ainſi qu'elle a cédé à l'Angleterre l'invention du Métier à Bas , invention françoiſe , comme elle a laiſſé aux Portu-gais le renom d'avoir découvert la Côte Occidentale de l'Afrique , tandis que ſes Marchands y trafiquoient , long-temps avant que les Agens du fameux Prince de Portugal ſe miſſent en mer pour la re-connoître.

L'induſtrie françoiſe eſt , preſque dans chaque Art , rivale du Peuple le plus. diſ-tingué dans tel Art ; il eſt des genres dans leſquels elle ne paroît point avoir de ri-vaux. Nous pouvons citer parmi ces der-niers la fabrication des Bronzes. Les An-glois ont récemment tenté d'entrer à cet égard en concurrence avec nos Artiſtes, & ils ont échoué.

# MÉMOIRE

## *SUR LE COMMERCE*

## DES BRONZES,

*Et particulierement sur l'Etablissement d'une Maison fabricante & commerçante.*

LE Bronze, métal, dont la premiere fabrication est attribuée aux Egyptiens, a été choisi dès la plus haute antiquité, pour servir de table ou de dépôt aux Loix, aux événemens mémorables, à tous les objets dignes d'être transmis à la postérité la plus reculée. Les statues de Bronze furent prodiguées dans les Temples, les Places, les Cirques anciens. On en comptoit au moins trois mille à Athenes, ainsi qu'à Delphes, à Olympe, & à Rhodes. Rome les multiplia au point qu'elle donna lieu de dire *que son Peuple d'airain n'é- toit pas moins nombreux que son Peuple animé*.

Ce choix étoit fondé sur les divers avantages que réunit cette précieuse matiere. Solide & durable, elle est si facile à travailler, & pour ainsi dire si souple, qu'elle se prête à toutes les formes. A la solidité, l'art ajoute l'éclat le plus brillant & le plus varié. Seul, de tous les métaux inférieurs, le Bronze prend l'apparence la plus parfaite de l'or & de l'argent, jusqu'à tromper l'œil le plus habile.

Ces propriétés en ont fait singulierement étendre l'usage depuis environ un siecle. Il entre dans la décoration des appartemens, des tables, des meubles, des voitures, &c. En fait d'ornemens & de magnificence, à calculer tous ses avantages, il n'est point de matieres plus économiques. Pour l'effet, il équivaut aux métaux trop chers, dont il emprunte les dehors : des matieres plus fragiles ou moins durables deviennent plus cheres par la néceffité qu'elles entraînent de renouveller les mêmes dépenfes.

Les Girardon , les Puget , les Desjardin , les Coizevaux avoient acquis à notre induftrie une célébrité bien méritée & foutenue par les Pigal , &c. mais dans le grand genre feulement , & ce genre ne fait pas un objet de commerce. Les Ouvrages d'un ordre inférieur & commerçable n'attiroient point l'attention de l'Etranger , tandis que les grands Ouvrages de ces Artiftes excitoient fon admiration. Leurs formes gothiques, baroques, capricieufes, puériles rebutoient ; ils n'étoient pas vendus au dehors, ou s'ils l'étoient , ce n'étoit que pour la matiere.

Depuis quinze ou vingt ans , le goût a corrigé ces défauts qui femblent tenir à l'enfance des Arts. Depuis qu'on a appris que le talent de l'imagination , fi l'on peut ainfi parler , eft de choifir fes modeles dans la Nature , nous avons étendu cette branche de commerce fur le refte de l'Europe. Toutes les Nations, avides de nos Bronzes, payent un gros tribut à notre induftrie & à notre goût.

Il eft d'autant plus important de conferver cet avantage, que différens Arts & un grand nombre d'Ouvriers font intéreffés au fuccès de ce Commerce, comme on le verra bientôt. Quand l'Agriculture, vraiment protégée, promet de multiplier les fubfiftances, les reffources, la population, il eft permis de recommander les différens emplois des hommes, fur-tout ceux qui nous mettent dans le cas de vendre ce que le luxe nous obligeroit d'acheter. La terre produit des fruits pour l'utilité, & des fleurs pour l'agrément. D'ailleurs l'ufage des Bronzes réunit à l'agréable le commode & l'utile.

Nous travaillerons donc pour l'intérêt public, 1°. en expofant les obftacles qui s'oppofent à la perfection & aux progrès de la fabrication & du commerce des Bronzes; 2°. en donnant les moyens de procurer cette perfection & ces progrès ; 3°. en démontrant l'utilité de l'Etablissement bien fondé d'une Maison tout-à-la-fois fabricante & commerçante pour parvenir à ce but.

# PREMIERE PARTIE.

*Des Obstacles qui s'opposent aux progrès de l'Art & du Commerce des Bronzes.*

L'AVANTAGE que nous avons de fournir, seuls, de Bronzes l'Etranger, paroît contribuer à retenir l'Art loin de sa perfection. Lorsqu'on a des concurrens à craindre, l'Art fait des efforts pour se surpasser. On reste au contraire volontiers au milieu de la carriere, lorsqu'on ne voit point de rivaux autour de soi.

Sans doute l'émulation de particulier à particulier reste : mais ses effets sont très-différens de ceux de l'émulation nationale. Quand on ne craint que les émules nationaux, on croit avoir intérêt à se réserver ;

& l'on se réserve, autant qu'il est possible ; le secret de ses connoissances, de ses découvertes, de son industrie personnelle. Quand la concurrence étrangere est à redouter, il faut que tous ces émules réunissent leurs efforts & leurs lumieres pour assurer la supériorité à l'industrie nationale. Dans le premier cas, c'est un Artiste qui se perfectionne : dans le second, c'est l'Art.

Nous voyons que tandis que l'instruction se répand de toutes parts sur différens genres d'industrie, la fabrication des Bronzes semble la fuir : il semble que nous craignions autant de nous éclairer nous-mêmes sur cet objet, que les Etrangers. Cependant ces mêmes Etrangers peuvent faire de nouveaux efforts, & réussir à la faveur de la protection, d'un génie heureux, de la constance, des conjonctures, & même de nos propres Ouvriers. Le moyen de conserver plus sûrement l'espece de privilege dont nous jouissons, c'est de nous approcher de plus en plus de la perfection que nous négligeons d'atteindre, & l'instruction publique nous promet cet avantage.

C'est dans cet esprit que nous allons examiner, 1°. les vices qui se rencontrent dans la fabrication actuelle des Bronzes; 2°. les inconvéniens qui se trouvent dans leur commerce actuel.

## N°. I.

### *Des Vices qui se rencontrent dans la Fabrication des Bronzes.*

PLUSIEURS Arts concourent à la fabrication des Bronzes : son succès dépend donc de leur harmonie , de l'intelligence combinée des différens Ouvriers, de l'accord de leurs intérêts & de leurs œuvres. Si les élémens qui doivent composer un corps n'ont pas la même tendance , la même énergie, la même vertu , il n'en résultera qu'une masse informe ou fragile. Dans la fabrication des Bronzes , non-seulement les différens genres de travaux ne font pas fuffifamment concertés , mais les intérêts des différens Ouvriers femblent étrangers les uns aux autres , ils fe combattent même. De-là les vices que nous allons détailler.

## I.

Nous parlerons d'abord du *Modele*, partie principale. Il eft rare que le Modeleur fe mette devant la Nature pour en découvrir , faifir , copier les beautés & lutter contr'elle. Son intérêt eft de remplir l'intention de celui qui commande l'ouvrage, de donner à fon ouvrage le plus de valeur pécuniaire qu'il eft poffible. L'homme de l'étau qui l'employe, rarement eft homme de goût : c'eft aux caprices de fon imagination , à fes idées factices , à fes ordres bizarres qu'il faut fe conformer. Le Modeleur, caché pour ainfi dire dans ce commerce , ou du moins placé hors de la vue du Public , exécute ce qu'on lui propofe fans fe foucier de la vérité, de la nobleffe, de la fimplicité, de l'unité du fujet. Il

crée un monſtre ſi l'on veut qu'il le crée;
En même tems, il multiplie, autant qu'il
le peut, le travail, afin de multiplier les
profits. Il étouffera le principal par les ac-
ceſſoires ; le fond diſparoîtra ſous les ornemens ſuperflus ; ces ornemens d'une
facile exécution ſur la cire, ſont très-
diſpendieux ſur le Bronze. L'aſſortiment,
l'harmonie, la convènance des Parties ſont
négligés ; point d'enſemble ; on rapproche
les diſparates, on unit les oppoſitions.
Quelquefois le Modeleur, borné à une
branche de ſon art, en abandonne une
autre à un de ſes confreres. Figuriſte, il
laiſſe l'ornement à autrui. Ni l'un ni l'autre n'étudient l'effet que leurs travaux par-
tagés auront, encore moins celui qu'ils
auront, rendus en Bronze. Eloignés du
Cizeleur qui doit travailler d'après eux &
avec un intérêt différent, ils ſe piquent
peu de donner la perfection à leurs ouvrages ; négligent les attitudes, les pro-
portions, les expreſſions convenables aux
figures & aux ſujets, ils négligent de mar-
quer les efforts, de provoquer les muſ-

cles, de copier enfin anatomiquement la Nature. L'expérience leur a démontré que c'étoit une peine inutile.

## I I.

LE meilleur Cizeleur de nos jours n'a pas toujours des connoissances suffisantes sur la structure & le jeu du corps humain. Les expressions anatomiques, ces expressions qui caractérisent la vérité figurée; qui animent l'imitation, qui peignent, se trouvent donc omises, altérées, faussées par le Cizeleur ignorant. L'ouvrier dont la réputation n'a rien à acquérir en ce genre, ne travaille qu'en mercenaire; heureux, si dominé par son imagination, ardent à s'approprier les idées qu'on pourra lui suggérer, il ne va pas charger & défigurer les morceaux de Sculpture qui se font dans son attelier! de-là ces modeles informes, ou plutôt difformes, aussi baroques quant au sujet qu'on a prétendu rendre, que quant à la maniere dont il est rendu.

( 15 )

Autant que le Cizeleur se concilie peu avec le Modeleur, autant vis-à-vis du Fondeur il peut séparer ses intérêts de l'intérêt public dans les ouvrages qui se fabriquent pour son compte. Cet objet est de la plus grande conséquence, puisqu'il décide de la quantité ou de la qualité des matieres employées. S'il épargne sur le prix de le fonte, cette épargne ne peut être qu'an préjudice du Consommateur, parce qu'alors la marchandise est mauvaise & trop chere, eu égard à sa qualité. Sans relation avec le Doreur, & ne vendant ses ouvrages qu'au Marchand, il ne fait pas assez d'attention à la qualité du Bronze, de laquelle dépend celle de la Dorure. Une fonte pure, sans mélange de fer, de potin, de limaille, & autres corps étrangers, offre au doreur un fond uniforme dont les pores s'ouvrent également à la main-d'œuvre, & reçoivent également l'or ; & cette égalité dispense des ravisages, des rabonnemens, des remettages en couleur. Une matiere vicieuse

& impure exige ces opérations difpen‑
dieufes & très-difpendieufes : d'un côté ,
double emploi de main-d'œuvre ; de l'au‑
tre , perte d'or noyé dans le mercure né‑
ceffaire à une partie de ces travaux , enfin
imperfection à mafquer ou à corriger fans
ceffe.

## I I I.

LE DOREUR , que le Cizeleur n'a pas
confulté , reçoit le Bronze de la main
du Marchand ; fans l'examen néceffaire,
il peut même en profiter pour exiger le
haut prix qu'il en demande, & fe juf‑
tifier fur les reproches que fa dorure
paroît mériter. Obligé de fe fervir d'or
laminé ou d'efpeces étrangeres, par la fa‑
cilité qu'il a de faire recevoir des billets
en paiement, il employe peu l'or en chaux,
quoique plus profitable d'un quart , mais
qu'il ne pourroit acheter qu'à la monnoie
& argent comptant.

Nous venons de parler de l'exceffive
quantité d'or que la mauvaife fonte ab‑
forbe ;

forbe : il en eſt de même de la dorure
aux mattes , dorure que nous ne devons
qu'à un goût dépravé de ce mauvais or
moulu ; dorure pernicieuſe à la ſanté de
ceux qui la font ; dorure qu'on peut comparer à la fleur cueillie le matin , & fanée
l'après-midi ; dorure dont le débit n'eſt
dû en grande partie qu'à la négligence
qu'elle a occaſionnée dans la fabrication
des ouvrages deſtinés à l'or moulu. L'ancienne dorure appliquée depuis nombre
de luſtres , ſe ſoutient encore vigoureuſe
en couleur , tandis que celle du jour ne
ſe fixe pas & ſe diſſipe comme ſi elle
étoit volatile. Nous la voyons encore
avec admiration , cette ancienne dorure,
dans les ouvrages du fameux Boulle exécuté depuis un ſiecle.

L'emploi des Bronzes dorés s'eſt étendu
à une infinité d objets , boëtes de pendules, feux, bras, girandoles, flambeaux,
luſtres , garnitures de porcelaine , ornemens de meubles, voitures , chambranles
de cheminées , eſpagnolettes , ſerru-

B

res, &c. En tout, on a cherché l'illusion.
Les ouvrages argentés, d'une consommation beaucoup plus considérable, ne sont
pas susceptibles de si grands vices dans la
fabrication ; mais pour montrer combien
ils sont encore exposés aux abus, nous
nous contenterons de relever une contra-
diction bien essentielle entre les Marchands qui s'accordent à affirmer que leurs
argentures sont hachées, & les Ouvriers
qui soutiennent unanimement qu'ils n'en
font que très-rarement de cette espece.

C'est ainsi que dans la Capitale, vingt
mille Ouvriers qui doivent concourir au
même but, s'écartent de la perfection par
autant d'intérêts différens qu'il y a d'opérations à faire pour mettre la marchandise
en état de vente. Chaque genre de co-opérateurs forme un tourbillon particulier ;
chaque tourbillon se meut en son sens ;
de ces mouvemens différens & même con-
traires, résulte la confusion dans le tourbillon général. Là où les hommes s'isolent
& se séparent d'intérêts, il n'y a point de

société : là où les co-opérateurs fe déta-
chent les uns des autres, & fe concen-
trent dans leur propre avantage, Il n'y a
point d'art,

Nous n'oferions toucher aux murs de
féparation que les Jurandes & leurs Statuts ont élevés entre les différens genres
d'induftrie. Il eft facile d'imaginer que
leurs effets en doivent être principale-
ment fenfibles dans un Art qui eft le réful-
tat de plufieurs Arts, S'il eft dans les loix
de la nature, que ce qui divife, détruit,
que de difficultés pour affortir, affembler,
incorporer en quelque forte les différentes
parties qui doivent entrer dans la fabrication des Bronzes !

Le commerce enté fur une fabrication
ridicule ne participeroit-t-il point à fes
vices ? Ne nous flattons pas de voir ce
fingulier phénomene dans le champ que
nous parcourons. Le commerce des Bronzes a fes vices qu'il importe de déye-
lopper,

## No. I I.

### *Des Vices qui se trouvent dans le Commerce des Bronzes.*

HEUREUSEMENT pour le Public, ce commerce n'est point retenu dans la sphere d'une seule communauté. Les Tapissiers, les Ebénistes, les Fayanciers, les Brocanteurs, &c. le partagent avec les Marchands particuliers de Bronzes. Le conflit des intérêts de ces divers concurrens pourvoit en partie à l'intérêt public ; mais les uns & les autres s'écartent de la voie que leurs vrais intérêts & ceux du Public leur tracent, comme on le verra dans les suivans Paragraphes.

## I.

LA prospérité de tout commerce dépend de la confiance que ses agens inspirent. Moins le Public est connoisseur dans un genre ; plus les Marchands qui l'exercent doivent être attentifs à suppléer à son ignorance par leurs propres lumieres & leur probité. L'acheteur qu'il faut le plus scrupuleusement craindre de tromper, c'est l'enfant qui porte de l'argent au marché.

Les Marchands de Bronzes sont dans le cas de stipuler eux-mêmes contr'eux-mêmes pour l'intérêt public , car il est très rare qu'on se connoisse en argenture, dorure , &c. L'acheteur sera facilement séduit , mais à l'usage il se détrompera : le commerce sera décrié , & avec peu de ressources pour le rétablir dans l'opinion de gens qui n'ont pas le moyen de se garantir de nouvelles surprises.

Mais les Marchands , au lieu de suivre ces regles de prudence & de justice , négligent d'acquérir les connoissances que la chose exige , & de mériter la confiance qui seule peut donner à leur commerce la stabilité. Aucune Maison ne peut se glorifier avec fondement d'être assez inftruite de ce qu'il lui importe tant de sçavoir. Il n'en est aucune qui exige dans la fabrication plus de talent, plus de goût, plus de finesse, plus de probité.

La science du Marchand de nos jours n'est pas aussi étendue qu'elle pourroit l'être; elle consiste à employer le plus de fonds possible pour l'assortiment de ses Magasins, à rassembler les modeles épars chez les Fabricans, à gagner contre l'Ouvrier le bon marché, sans entrer dans les calculs du prix de la matiere, de la bonne main-d'œuvre, de la quantité de journées que le Cizeleur, le Doreur, le Monteur, &c. ont dû employer, & de la quotité qu'a dû donner par jour aux Ouvriers la qualité de l'ouvrage. Pour bien faire notre propre compte, il faut que nous fassions bien ci lui d'autrui.

L'art du Marchand actuel ne consiste en quelque sorte qu'à se placer avantageusement pour que l'éclat de la Boutique attire, arrête & amortisse l'envie d'aller chercher le Fabricant; quelquefois aussi à décrier la marchandise de ses confreres; à se targuer de l'ancienneté que l'on a dans le commerce, des biens qu'on y a gagnés, des premieres charges qu'on a exercées dans le Corps. Le Public croira bonnement que cette diftinction a été accordée par une élection libre, conformément aux vues du Légiflateur : il ne s'informera point fi elle n'a pas été achetée à prix d'argent ; il ne fçaura pas fi la principale prérogative qui l'a fait rechercher eft de pouvoir opprimer & étouffer l'ordre inférieur de la corporation. Jamais le Légiflateur n'auroit inftitué cette efpece de jurifdiction, s'il avoit prévu qu'elle livreroit à la merci des chefs, à leur ambition, à leur cupidité les membres fubalternes ; qu'elle deviendroit l'outil du monopole & d'une forte de defpotifme, & qu'elle feroit le fléau du commerce. C'eft-là une vérité dure ; mais qu'on remarque qu'elle n'eft telle que parce que l'abus eft grave, & que l'effet en eft funefte. Il faut la dire, pour que l'abus foit connu & puiffe être réformé. Il eft permis, il eft en quelque

forte ordonné de la dire fous un Gouvernement qui l'aime, l'appelle, la pro-
tege, & qui prend la défenfe de la liberté
de l'induftrie contre tout empire ou plutôt
toute ufurpation fur les droits naturels du
génie, du talent, du befoin, de la pro-
priété.

Le Corps des Merciers eft le premier
qui ait porté la main fur ce commerce.
Si l'on croit y apperçevoir encore quelqu'émulation, c'eft à lui qu'elle eft dûe.
Fauffe émulation, puifqu'elle ne tend pas
à l'extenfion & à la perfection de l'Art ;
émulation trompeufe, puifqu'elle ne s'at-
tache qu'au luxe & à la féduction ; émulation funefte, puifqu'elle n'afpire qu'à
la haute valeur qui coupe en quelque
forte les branches les plus utiles du commerce. L'illufion, comme nous l'avons
dit, détruit la confiance, la cherté rallen-
tit les acquifitions. Dès qu'un art qui par
fa nature embraffe des objets d'utilité
commune, n'eft plus qu'un art de luxe, il n'a
qu'une exiftence précaire, parce que le

luxe eſt toujours variable & borné, tandis que s'il eût neurri les conſommations
communes il auroit acquis la conſiſtance
la plus ſolide & la plus durable. Qu'on
ne s'y trompe point, le grand commerce
eſt celui que ſoutient un peuple de con-
ſommateurs. Les objets de haut prix donnent plus d'éclat à un trafic & plus de fortune à un très-petit nombre de Maiſons;
les objets de prix modérés aſſurent à un
trafic plus d'étendue & de durée, & au
Corps des Marchands plus de bénéfices
& d'avantages. La mauvaiſe dorure aux
mattes eſt particulierement l'ouvrage de
ce corps.

## I I.

LES Tapiſſiers, les Ebéniſtes, les
Fayanciers, les Fripiers, les Brocanteurs
ont embraſſé le même commerce. Le
conflit eſt en lui-même favorable; faute
de lumieres & par un intérêt très-mal en-
tendu, il doit avoir un effet contraire.
Chacun cherche le Fabricant le plus fa-

elle fur les prix ; le Fabricant, habile à
profiter de l'incapacité de celui qui commande ou achete, fçait à merveille donner
à fon ouvrage le bas degré de qualité pro-
portionné au bas prix que l'on veut y
mettre. De-là ces mouvemens qui n'ont
d'autre mérite que l'apparence du cadran.
De-là cette foible cizelure, cette mauvaife monture, cet or avivé éblouiffant
au premier coup d'œil, mais trois mois
après ou après le plus petit trajet de mer,
évanoui. De-là l'ignorance & la multitude
des mauvais Doreurs que cette conduite
& ces facilités encouragent à mal-faire
& détournent d'une étude pénible qui
leur apprendroit à mieux faire, mais à laquelle ils ne trouvent pas d'intérêt à fe
livrer.

Mais auffi leur fort eft très-incertain ;
comme tout ce qui eft fondé fur une bafe
fragile ou mal affife. L'expérience le prou-
ve. Les faillites des Ouvriers en Bronze
font fréquentes. Il n'y a pas de confiance
dans ce commerce. Les paiemens ne fç

faisant qu'en papier de Marchands trop
peu connus, quoique bons , ce papier
passe des mains des ouvriers dans celles
d'Escompteurs désavoués dont l'intérêt
usuraire force les plus honnêtes à manquer.

## I I I.

Le commerce des Bronzes s'est étroi-
tement lié avec celui de l'Horlogerie. Ce
dernier appartint autrefois à l'industrie
françoise. De grands Artistes encore plus
jaloux de gloire que de fortune , se l'ap-
proprierent en quelque forte par l'ascen-
dant & le titre légitime que la perfection
de leur ouvrage leur donnoit fur l'induftrie étrangere. Nul doute qu'elle-même
elle n'anime encore leurs successeurs ;
les Berthout, les Romilly & tant d'autres qui perpétuent la réputation de l'Horlogerie françoise par des chefs-d'œuvres
admirés même des Nations rivales & capables de soutenir la distinction acquise
par les Julien le Roi & ses émules.

. . Ce commerce fe bornoit alors à la partie des Montres. Il a dans la fuite embraffé les Pendules ; & depuis qu'il a enveloppé l'Horlogerie dans nos Bronzes, il a décliné ; nous le perdons par l'abus que les Marchands ont fait de l'efpece de paffe-port qu'il leur offroit dans fa réputation, pour porter par-tout les ouvrages des deux Arts, amalgamés enfemble.

Les Marchands , excités par le goût des Etrangers pour nos Bronzes , ont entrepris de fournir une grande quantité de pendules, fans la délicateffe fur le choix ; fi ce n'eft des acceffoires ou des ornemens. Ils n'ont fongé qu'à préfenter ces ouvrages animés fous un beau corps , ou plutôt des dehors attrayans & féducteurs : ce que leur donne la vie & le prix, ils l'ont négligé & facrifié. L'Horloger , fubordonné & caché dans ce commerce, n'a travaillé que felon la modicité des prix offerts, & le paiement fait en billets à longs termes. Obligé de taire fon nom pour ne pas le flétrir , il n'a plus cherché à le diftinguer. On a couvert de grands noms les mauvais ouvrages ; & fi les grands Artiftes n'en ont pas été deshonorés , du moins le Public , l'Etranger fur-tout n'a point cru aux Ouvrages qui portoient leur empreinte, ou leur livrée vraie ou fauffe. Le travail de l'Horlogerie ne formant plus qu'un objet fecondaire , les rebuts des Fabriques de Dieppe , & autres ont été recherchés & finis par des mains merce-naires ou avec une diligence pernicieufe. Enfin les mauvais mouvemens ont perdu notre commerce d'Horlogerie.

Avec ce commerce s'eft perdu celui de nos Bronzes qui l'accompagnoit ; ainfi ces Marchands inconfidérés , avides & in-juftes, qui ont dérobé les noms des habiles Horlogers & détruit leur commerce , ont dérobé le commerce de leurs confreres , de leurs émules, de leurs enfans , & l'ont détruit. Peut-être fe font-ils dérobés hier à eux - mêmes le commerce du jour préfent. Mauvais fpéculateurs , ils ont acheté le fuccès du moment aux dépens do leur intérêt à venir. S'il en eſt qui ſoient rapidement parvenus par ces voies illégitimes à de grandes fortunes, combien de fois ſeront-ils obligés d'en détourner les yeux ? Ils abandonneront ce commerce qui les leur auroit à chaque inſtant reprochés. Ils feront paſſer leurs enfans par des charges d'un état où ils auroient pu être les premiers à un rang où ils ne ſeront que les derniers, où ils chercheront à enſevelir leur origine ſous le faſte, où ils craindront peut-être d'avoir des enfans, parce qu'ils n'auront plus la même fortune à leur léguer, & qu'ils leur auront ravi la reſſource de la profeſſion honnête & honorable de leurs peres. Mais ce n'eſt pas à nous à entreprendre de réformer les mœurs.

Si l'on conſidere avec attention tout ce que nous venons de dire des cauſes de la décadence de la fabrication & du commerce des Bronzes, elles ſe réſument preſque toutes en une ſeule, l'ignorance;

Les ouvriers ne sçavent pas leurs vrais intérêts ; les Marchands ne connoissent ni leurs vrais intérêts , ni la marchandise dont ils entreprennent le commerce ; les consommateurs commandent & achetent à l'aveugle. La police réglementaire a tout-à-fait méconnu & l'intérêt des arts & l'intérêt public. Mais si l'instruction démontre toutes ces erreurs , sa lumiere ne suffit pas pour renverser tous les obstacles élevés par l'ignorance. Examinons les moyens que la réflexion peut suggérer pour y parvenir.

## SECONDE PARTIE.

*Des Moyens de perfectionner & d'étendre la Fabrication & le Commerce des Bronzes.*

Pour relever ce genre de commerce & d'industrie , il est des choses qui ne sont que dans la main du Gouvernement. Des avis & des réflexions salutaires pour

ront peut-être engager les Gens de l'Art
& les Agens du Commerce à réformer le
mal qui vient d'eux-mêmes ; enfin il est
possible qu'un seul Entrepreneur éclairé,
zélé, prudent, appliqué, sans privilége,
sans faveur exclusive, contribue efficace-
ment à la destruction des abus par le seul
établissement d'une Maison fabricante &
commerçante, élevée sur des fondemens
solides, & réglée sur un plan qui rapproche
& réunisse tous les intérêts.

## I.

Nous ne nous arrêterons pás long-tems
dans le district du Gouvernement. Personne
n'ignore ou ne doit ignorer aujourd'hui que
les entraves & les charges imposées à l'industrie & au commerce, arrêtent leur
essor ou abattent leur vol ; que le talent
pour s'élever doit être libre comme la pen-
sée ; que les barrieres mises autour du
commerce sont des écueils contre lesquels il se brise ou s'amortit ; que comme
tout

tout ce qui eſt gêné ne peut ſuivre ſon cours
naturel, tout ce qui eſt ſoumis à des taxes
perd ſa valeur naturelle; que tout privilége
excluſif de corps ou de particulier tient
au pouvoir ſingulier de rançonner le Public, d'étouffer le génie, d'affamer une
foule d'individus nés avec les mêmes droits
& mis par la Providence ſous la même
protection; qu'il n'appartient enfin qu'à
la liberté & à la franchiſe de remplir tous
les droits, tous les devoirs, tous les intérêts, tant publics que privés. Mais ces
raiſons générales militent en faveur de tous
les genres d'arts & de trafics. Ceux dont
nous traitons en ont de particulieres pour
demander à être délivrés des entraves mi-
ſes par l'autorité. Nous les avons déjà fait
preſſentir en parlant des effets de la ſépa-
ration qu'il y a entre les différentes eſpeces
d'Artiſtes intéreſſés dans le Commerce
des Bronzes, & de la néceſſité de leur
réunion. Il faudroit commenter tous les
Statuts des différentes corporations qu'ils
compoſent pour faire connoître que tout

C

ce qui a pu être imaginé pour reftraindre le concours, l'invention, la communication, le bon marché, les jouiffances, tout a été imaginé & mis en loi. Ce travail feroit long, ingrat, & dans les circonftances où nous écrivons, fuperflu. La bienfaifance du Monarque fous lequel nous avons le bonheur de vivre, les principes du Miniftere patriote qui remplit fes vœux & ceux de fes fujets, la fagacité, la vigilance & la fermeté du Magiftrat qui, chargé de cette partie de l'Adminiftration, a tout vu, tout péfé, tout foumis aux regles effentielles de la Juftice & de l'ordre public, nous difpenfent d'une humble réclamation que fans doute nous ne ferions entendre que quand nous devrions faire éclater les plus vives actions de grace.

S'il étoit poffible que ce tems ne fût pas encore arrivé, oh ! mes Confreres, ne vous obftinez pas du moins à aggraver vous-même le poids de nos chaînes, & celles d'exercer & d'invoquer l'oppreffion pour achever de détruire votre propre commerce. Vous , chefs du premier corps de commerce de la Capitale , rappellez-vous que le plus nŏble comme le plus utile droit de vos charges eſt de défendre la cauſe commune , au lieu de les conſidérer comme des titres oppreſſifs & excluſifs. N'inſultez point aux petits & ne les accablez point. A l'exemple de nos prédéceſſeurs , laiſſez opter à l'homme à talent entre la lime & le burin , entre le commerce des Draps & celui des Bronzes ; & ne faites payer à perſonne deux maîtriſes comme vous me l'avez fait à moi. Ne décriez aucun de vos Confreres , aidez-les tous. Portez votre ambition à rendre votre Corps floriſſant & reſpectable. La meilleure portion de ſa gloire ſera pour vous ; & elle ſera plus flatteuſe que celle d'en ſortir après l'avoir tourmenté & avili. Ne cherchez point dans des ſaiſies odieuſes & multipliées des avantages qui font plutôt la ruine de cent Marchands que la richeſſe d'un ſeul. Ne faites pas ſonner ſans ceſſe les mots de diſcrédit & de fraude pour juſtifier des entreprifes répréhenſibles ; rendre le joug plus dur & la ſervitude plus intolérable, ſuſciter, provoquer, gagner à votre profit une police plus gênante, plus rigoureuſe, plus deſtructive. Joignez-vous à nous pour invoquer la bienfaiſance du Gouvernement, & pour deſſiller les yeux de nos Confreres ſur leurs vrais intérêts.

## I I.

Nous ne nous flattons pas de changer par nos avis la conduite des Fabricans & des Marchands : nous eſpérons ſeulement que leur intérêt propre les engagera à réfléchir ſur les vérités ſimples que nous allons leur rappeller.

Ils s'endorment dans une fauſſe ſécurité lorſqu'ils croyent à la poſſeſſion excluſive de ce commerce chez l'Etranger. Les Anglois ont tenté de la leur enlever. S'ils ont échoué à cauſe d'un certain ordre méchanique auquel ils ſe ſont attachés d'abord, ils peuvent renouveller leurs efforts, &

adopter nos modeles, notre maniere; notre goût , notre exécution, nos ouvriers:
la perſévérance eſt dans leur caractere, &
la rivalité les anime.

Sans la bonne foi, nul commerce n'eſt
durable : le plus éclatant n'eſt qu'un brillant météore qui luit & s'éteint. Le Public ne veut pas être trompé, & il ne peut
pas l'être long tems.

Des Marchands hors d'état de juger des
vraies qualités de la marchandiſe qu'ils tra-
fiquent, ne ſont à proprement parler que
des brocanteurs. Au lieu d'une profeſſion
honnête, c'eſt un vil métier qu'ils exercent. Ils donnent tout au haſard & au
moment.

Il faut des mœurs auſſi; il faut que
l'honneur ſoit à la tête du commerce ; il
faut que l'économie le régle. Si l'on croit
impoſer aux ouvriers pour les dépenſes &
les diſſipations faſtueuſes, on ſe trompe,
on ne fait que les corrompre , ils imitent.
Pendant que les ſpectacles , la table , les
jeux retiennent le maître, les compagnons.

ſe livront à la débauche , l'attelier languit,
les ouvrages triplement renchéris n'en ſont
que plus défectueux.

Le Commerçant , l'Entrepreneur n'eſt
placé qu'en deux endroits , à ſon attelier
ou magaſin , à ſes affaires extérieures.

Quand il tyranniſera l'ouvrier dans ſes
ſalaires , quand il le livrera à l'uſure par
les papiers ſuſpects ou ſans cours , quand
il cauſera ſa ruine , il ſe coupera le bras
droit.

Le Marchand de Bronzes a ſans ceſſe
des leçons à prendre chez le Deſſinateur,
chez le Modeleur , chez le Cizeleur, chez
le Doreur , chez l'Horloger , &c, S'il n'a
pas été à toutes ces écoles , il ne ſçait pas
ce qu'il fait. Quand il croit ne s'expoſer
qu'à tromper le Public , il eſt trompé lui-
même.

S'il ne voit hacher ſes ouvrages d'argenture, dorer ſes bronzes , établir les
mouvemens de ſes pendules , &c. qui lui
répond de leur bonté & de leur ſolidité ?

Ce n'eſt pas aſſez ; il faut qu'il ſoit à lui-même son premier ouvrier. Qu'il forme son goût, qu'il sçache saisir la belle nature, qu'il puise dans la Fable ou l'Histoire de grands traits ou des traits agréables, suivant le genre des ouvrages, qu'il sçache appliquer à propos les regles de l'architecture, &c.; sans cela, il fait, pour ainsi dire, passivement son commerce; toujours guidé ou conduit par autrui', il sera infailliblement la victime de son ignorance.

Avec ces connoissances & du patriotisme, il verra dans le regne à peine commencé de Louis XVI, une riche matiere pour des monumens que le génie françois dévorera, que la curiosité étrangere recherchera, que la postérité conservera.

Tous ces avantages, on peut les réunir dans l'établissement suivant, & nous nous proposons de le faire.

## III.

Une Maison, tout-à-la-fois fabricante

& commerçante , est un des plus puissans moyens qu'il soit possible d'employer pour combattre les abus que nous avons relevés dans la fabrique & le commerce des Bronzes , exciter l'émulation des Marchands , accélérer les progrès de l'art , & pourvoir aux intérêts du Public.

On a vu les mauvais effets résultans de la division des différentes sortes d'ouvriers qui fondent , pour ainsi dire , ensemble leurs différens travaux dans ce genre d'ouvrage. Cette Maison rassemblera tous les genres d'atteliers que la fabrique des Bronzes met en exercice. Là tous les intérêts seront réunis , combinés & surveillés. Le Cizeleur sera surveillé par le Modeleur, le Fondeur par le Doreur , ainsi des autres , & tout le corps des ouvriers le fera par l'Entrepreneur. Celui-ci, présent à tout , s'éclairera toujours de plus en plus, & il éclairera tous les coopérateurs. Avec un plan de régie sagement concerté , & fidelement exécuté , il préviendra tous les abus qu'il est impossible à un Marchand isolé d'éviter , & tous ceux qui peuvent naître d'une grande entreprise & d'une manutention compliquée. Il est assuré d'exciter l'émulation & l'ardeur parmi les ouvriers par des augmentations graduelles d'appointemens , & par des récompenses accordées au talent, au zèle, à la probité, à l'ordre. Cette Maison bien fondée & bien régie obligera, par ses succès, les autres Marchands à corriger dans leur commerce tout ce qui ne leur permettroit pas de soutenir la concurrence. Peut-être les engagera-t-elle à former de semblables établissemens qui ne peuvent que tourner à l'avantage de l'Art & du Public.

M. le Président Bigot de Sainte-Croix a très-bien dit : un grand Entrepreneur fait plus d'ouvrage qu'un petit, & à moindres frais : que ses travaux soient divisés entre plusieurs, ils gagneront moins, & seront obligés de vendre plus cher. Tout ouvrage qui passera par des mains différentes & divisées d'intérêt ne peut atteindre à la perfection. Cette multiplication est onéreuse pour l'Etat, & ruineuse pour le commerce. Il n'y a de commerce avantageux & solide que pour les Fabriques où une sage administration a corrigé ces vices, & pour les Magasins, qu'un goût bien réglé a le mieux assorti.

C'est à ces avantages qu'on aspire, c'est ce but que l'on se propose dans l'Etablissement dont nous parlons. Nous allons en démontrer l'utilité & la solidité dans notre troisieme Partie. L'Auteur du présent Mémoire demande la permission d'y parler comme Entrepreneur.

# TROISIEME PARTIE.

## *De l'établissement d'une Maison fabricante & commerçante.*

Un coup d'œil, préliminairement jetté sur l'étendue & l'importance de ce commerce, rendra plus sensible l'utilité de cette Maison.

( 43 )

Si les regiſtres des Douanes nous étoient ouverts , nous verrions l'induſtrie fran-çoiſe porter dans les quatre parties du monde le commerce de ſes Bronzes : nous y verrions des exportations conſidérables pour la Hollande , l'Angleterre, l'Eſpagne , l'Italie , la Turquie , l'Allemagne , la Pologne , la Ruſſie & tout le Nord : Nous y verrions nos Bronzes appellés par le luxe de l'Inde , de la Chine , du Japon , &c. ; c'eſt le goût des Orientaux pour ces Ouvrages , qui a porté les Anglois à en eſſayer la fabrication. Il eſt bien important que nous tâchions de conſerver l'eſpece de privilége dont nous avons juſqu'à préſent joui au dehors pour cette fourniture. Corrigeons, réformons & perfectionnons, ſes efforts ſeront d'autant moins à craindre.

L'empreſſement des Etrangers à fréquenter nos atteliers & nos magaſins nous apprend quelle eſt leur opinion , & ce que nous devons faire pour leur en donner une meilleure encore,

Confidérons enfuite la confommation intérieure. Les Palais, les Hôtels, les riches Maifons tant dans les Provinces que dans la Capitale font remplies de Bronzes. Il y a beaucoup de Particuliers qui en ont pour dix, vingt, trente, & jufqu'à cinquante mille livres; il n'y en a prefque point qui n'en ait ou en meubles ou en ornemens. C'eft-là le mobilier par excellence à Paris & dans toutes les Villes remarquables, comme ce l'étoit à Athenes & à Rome. Il en eft de même chez les autres Nations de l'Europe.

Pour mieux connoître la confommation de cette partie, & l'argent verfé dans le commerce des Bronzes & Horlogeries feulement, j'ai calculé le nombre d'Ouvriers employés à la fabrication; j'ai trouvé qu'il montoit à environ vingt mille. En leur donnant à chacun trois livres par jour, & en fuppofant trois cens jours de travail par an, cela forme une fomme de dix-huit millions, rien que pour la main-d'œuvre.

Au Calcul de la fabrication , il faut joindre celui du commerce dans tous les genres d'objets que la Maison se propose de réunir à sa fabrique, comme lustres , lanternes , pelotons de dessert , décorations , porcelaine de service , d'ornement , ébéniserie & glaces. Il y a pour ces objets six mille Maisons , sans y comprendre les Manufactures qui ne peuvent s'adopter à ma Fabrique. Que chacune d'elles fasse pour dix mille livres d'affaires par année ; voilà soixante-douze millions en circulation dans le Commerce.

Après avoir exposé l'importance de ce Commerce, je vais démontrer les avantages de l'établissement que je propose.

## N°. I.

*Avantages de l'Etablissement d'une Maison fabricante & commerçante.*

LES avantages que la chose , l'Etat , le Public retireront de cette Maison commerçante , peuvent se réduire à trois chefs principaux , le bon marché & la bonne qualité dans la fabrication , l'émulation & la confiance dans le commerce , l'inf- truction des Ouvriers & même du Public , & par conféquent la perfection de l'Art.

### I.

L'économie de la réunion des Ouvriers & celle de la réunion de la fabrication & du commerce dans mon établiſſement ſont trop ſenſibles , trop palpables pour que je m'arrête à les démontrer. Comme il n'y aura point partage de travaux & d'o- pérations , il n'y aura point partage de profits. Un commerce qui , avant d'arriver au conſommateur , paſſe par une foule de mains , laiſſe un gain dans chacune ; & ces bénéfices intermédiaires multipliés ope- rent un renchériſſement exceſſif de la mar- chandiſe. Les acheteurs provinciaux & étrangers profiteront outre le bénéfice commun , de la ſuppreſſion des Commiſ- ſionnaires & Agens qui , pour l'ordinaire ,

& avec une grande incapacité , leur font payer cher de mauvais fervices. On n'aura qu'à s'adreffer directement à la nouvelle Maifon pour épargner ces faux frais.

Il y a d'autres objets qui feront entierement au profit de l'Acheteur , par exemple , dans la partie du modele. Une fois établi , un modele fe répete plus ou moins felon fa perfection fans le fecours du premier Artifte. Mais à chaque furmoulé qui s'en fait , il eft affez d'ufage de mettre l'acquéreur à contribution , & par une fomme arbitraire. Cet abus , introduit par le Cizeleur , n'aura pas lieu dans la nouvelle Maifon où tout fera foumis aux regards du Public. On ne fera point expofé à payer la nouveauté d'un Ouvrage ancien.

Par les différens articles d'économie , elle pourra donner les bons ouvrages au prix où fe vendent aujourd'hui ceux de qualité très-inférieure. Sur chaque piece il y aura une étiquette qui préfentera au Public le compte comme de clerc à maître, de ce qu'elle aura réellement coûté depuis la matiere brute jufqu'à fa perfection. Chacun pourra calculer, contrôler, débattre. Enfin la Maifon fe bornera au bénéfice de dix pour cent.

Afin que les Acheteurs y trouvent toute forte de commodités & de facilités, elle joindra à la fabrique des Bronzes & Horlogeries, la partie des luftres, lanternes, plateaux de deffert, décorations de tables, porcelaine montée & de fervice, l'ébénifterie & les glaces. Il y a peu de ces objets qui ne foient fufceptibles d'une diminution, par les mêmes raifons que j'ai données pour les Bronzes. En même tems elle fe propofe d'acquérir dans les inventaires les morceaux précieux & de former un affortiment des chofes anciennes recherchées par les amateurs, & propres à éclairer le goût. Cet enfemble épargnera aux acheteurs des recherches, des peines & des dépenfes.

Enfin l'économie doit être encore plus grande dans cette Maifon qu'elle ne l'eft

dans

dans les fameuses Manufactures de soie ; de drap, &c. bien régies ; & l'on sçait combien elles sont économiques. L'avantage que le Public en retirera, quant aux prix, sera manifeste, puisqu'on n'aura qu'à comparer ceux qu'elle proposera avec les prix actuels. Il ne peut y avoir d'erreur & de doute à cet égard.

Quant à l'avantage de la bonne fabrication, il n'est pas moins certain : d'abord la Maison peut, par la réunion qu'elle exécutera & la régie qu'elle établira, le procurer. Par la même, & c'est la maniere d'agir caractéristique de la bonne foi & de la probité, elle s'ôte vis-à-vis du Public les prétextes & les excuses auxquels les Marchands ont recours en rejettant les défauts & les vices sur tels ou tels Ouvriers. Sa marchandise sera exposée aux yeux du Public, à l'examen, à la censure. Enfin elle ne pourra s'établir, se maintenir, prospérer que par la bonne fabrication jointe au bon marché. Comment s'écarteroit-elle des seules voies propres à assurer ses succès, & non-seulement ses succès mais encore son existence ? Exposeroit-elle de gros fonds à une perte certaine & même prochaine ? En un mot, elle peut bien faire, elle prend tous les moyens de bien faire, elle n'a intérêt qu'à bien faire.

Cet intérêt est d'autant plus grand, qu'elle aura à craindre & la concurrence fortement excitée, & l'envie violemment tourmentée. L'Entrepreneur s'attend à toutes les déclamations, à tous les bruits, à tous les contes que l'on pourra imaginer pour la décrier ; mais il prévient ses ennemis que tous ces efforts ne serviront qu'à le faire redoubler d'attention & de vigilance. Il prévient le Public de toutes ces manœuvres pour qu'on ne le juge qu'avec connoissance de cause & d'après l'inspection & l'usage de sa marchandise. Si ses Confreres suivoient son exemple, c'est un nouveau service qu'il aura rendu au Public, & ce sera un nouvel aiguillon qui l'animera à mieux faire pour obtenir sur eux la préférence.

## I I.

Il est certain que cet établissement exci

( 51 )

tera une vive émulation dans le Commerce
des Bronzes. Chaque Maison, sous peine
de décheoir, sera obligée d'offrir au Public les mêmes avantages. Il faudra qu'on
acquiere les connoissances dont on s'est
jusqu'à présent dispensé ; qu'on devienne
délicat sur le choix des Artistes & des
matieres, & qu'on dirige ou inspecte les
travaux ; qu'on réforme les abus introduits
par l'ignorance, la cupidité, & qu'on
tende sans cesse à la perfection, seul
moyen d'y parvenir ; qu'en perfectionnant
on n'épargne pas les dépenses utiles & qu'en
même tems on économise, le tout au
profit du Public : il le faudra, parce que
le Public trouvera dans la Maison nouvelle des objets de comparaison & des
moyens de juger.

Alors la confiance, ame du commerce,
s'établira. En même tems que les Marchands acquerront celle du Public, il
faudra qu'ils acquierent celle des Ouvriers.
Pour en avoir de bons, ils les payeront
convenablement & en bons effets. Ils ces-
seront de livrer cette classe à l'usure, à
l'insatiable avidité des Escompteurs qu'ils

favorifent & attifent par la nature des papiers qu'ils donnent en payement. Il n'en
fortira de la nouvelle Maifon que de folides, & l'on ne pourra foutenir la concurrence qu'en fuivant fon exemple.

On apprendra d'elle l'économie qui
fournit de meilleurs ouvrages à meilleur
marché ; économie dans une plus jufte
combinaifon des dépenfes néceffaires ;
économie dans l'épargne des matieres riches qu'on prodigue pour ajouter à la valeur fans ajouter au mérite intrinfeque de
l'ouvrage ; économie dans la diminution
des dépenfes de luxe, d'agrément, de décoration & de faux goût ; économie dans
le retranchement des fauffes & faftueufes
dépenfes perfonnelles & autres étrangeres
à l'art.

Telle eft la bafe fur laquelle s'élevera
notre Maifon, & fur laquelle toute Maifon doit s'élever pour être ftable. On ne
furprendra pas une confiance paffagere,
on gagnera une confiance durable & plutôt
qu'on ne penfe. On n'arrivera pas à l'opulence en un jour, mais on obtiendra avec
le tems un commerce folide, une fortune

( 53 )

ſolide, une réputation ſolide & honorable;
& on laiſſera à ſes enfans ce bel héritage,
qui vaudra bien mieux que le luſtre factice d'une nobleſſe achetée qu'on peut
comparer à l'éclat de cette dorure qui ſe
ſoutient à peine quelques mois ſur le
Bronze.

## I I I.

Avec le goût de l'économie, notre
Maiſon fabricante & commerçante ré-
pandra des nouvelles lumieres & parmi
les Ouvriers & dans le Public. Les Ouvriers raſſemblés dans cet Etabliſſement,
s'éclaireront & ſe corrigeront les uns les
autres, en même tems qu'ils ſeront di-
rigés & ſurveillés par une inſpection
exacte eſſentiellement intéreſſée à les éclairer & à les corriger. J'ai parlé des récom-
penſes par leſquelles l'émulation ſera excitée parmi eux. Outre cela, les Deſſinateurs, les Modeleurs, les Sculpteurs, &c.
feront dans cette Maiſon un Cours d'é-
tude. On y prendra la vraie idée du beau,
les principes du goût, les regles de l'art.
La réunion des bons modeles tirés de la

nature ou tranfmis par les anciens éveillera
& réglera l'efprit d'invention. On trouvera
la beauté dans la fimplicité, la perfection
dans l'harmonie, le chef-d'œuvre de l'art
dans l'imitation exacte de la belle nature.
Le génie fe développe, le goût fe forme,
l'imagination fe régle, fuivant l'abondance
& l'excellence des objets qui les frappent
& les frappent fans ceffe, encore plus que
par les leçons.

Cette Maifon fera, en même temps,
une Ecole pour le Public. Ses attéliers
feront ouverts aux perfonnes qui défire-
ront prendre des connoiffances fur cette
fabrication. Elle n'aura point de *fecret*. Les
véritables prix & des matieres & de la
main-d'œuvre feront communiqués fans
difficulté à tout le monde. Le Public y re-
connoîtra bientôt la fauffeté du préjugé,
répandu par l'ignorance, entretenu par la
cupidité, que nul ne peut fe connoître à
la dorure que celui qui l'a faite. Enfin rien
ne fera oublié de ce qui peut mériter la
confiance, attirer la bienveillance, diffi-
per les illufions, mettre les confomma-

teurs en garde, & contribuer aux progrès de l'inftruction & de l'art.

Mon plan de régie eft tout dreffé : j'ai tout calculé, j'ai tâché de tout prévoir, j'ai confulté. On m'a fait des objections & je les réfous. Une longue expérience me permet d'attendre des fuccès de l'application & de l'attention la plus fuivie : à des foins éclairés & conftans , s'il fuffit de réunir la bonne foi , l'intégrité , l'économie, l'honneur : ce font des garans que je puis offrir.

Enfin fi je parviens à exécuter mon projet , je rendrai à ma patrie un fervice important en lui affurant un des plus importans commerces. Si je fuis arrêté par des obftacles que je ne prévois point , j'aurai du moins montré la voie à ceux que la fortune préférera d'y conduire.

Quand mon projet ne feroit pas encore exécuté ou par autrui ou par moi, il me refteroit la fatisfaction d'avoir éclairé mes Confreres fur leurs vrais intérêts , d'avoir traité le premier d'un art utile & même précieux par fes rapports , d'avoir dévoilé les dangers que court ce genre d'induftrie, d'avoir découvert le mal & en même tems le remede, d'avoir révélé au Public les torts qu'il ſouffre & à l'Etat la perte qu'il doit craindre.

Ce Mémoire même ſera une preuve de ma franchiſe, de ma bonne foi, de ma droiture, autant que de mon zèle. J'ai parlé en bon Citoyen, pour le bien public ; j'ai parlé en homme déſintéreſſé pour le bien même de mes Confreres.

Si l'on daigne me communiquer des obſervations, je les recevrai avec reconnoiſſance, & j'en profiterai pour me corriger, ſi elles ſont juſtes, pour confirmer la vérité, ſi elles ne le ſont pas.

Ceux qui déſireront avoir une connoiſſance particuliere de mon projet, peuvent s'adreſſer à moi, *rue Neuve des Petits Champs*, &c. où je continue ce commerce.

*F I N.*

## ADDITION AU MÉMOIRE.

JE croirois mon Mémoire plus que suffisant pour prouver l'avantage de mon Projet, si je n'avois envie de ne me faire entendre qu'à des gens de mon état qui voulussent se donner les soins que je desire prendre ; mais comme beaucoup ne connoîtront l'intérêt de ce commerce que par mes détails, que d'ailleurs l'entreprise pouvant avoir lieu, rien ne peut m'être plus utile que d'en approfondir tous les rapports, de me familiariser avec la chose, de maniere que son exécution avenant, je puisse l'exercer sans troubles ; j'ai calculé les fonds nécessaires, j'ai donné l'idée de l'acte à passer avec les Actionnaires, détaillé nombre de Plans, dont quelques-uns très-avantageux à adopter à la Fabrique.

Je fais mention de quelques-unes des expériences que j'ai faites, propres à prouver la possibilité de diminuer le prix des Ouvrages.

Je finis enfin par faire part des objections qui m'ont été faites, à la suite desquelles j'ai joint mes réponses.

( 58 )

## CALCUL des Fonds nécessaires.

60 Pendules l'une dans l'au-
tre à 340 liv. . . . . . . . 20400   liv.
100 Feux à 180 liv. . . . . 18000.
80 paires de Bras à 180 liv. 14400.
150 paires de flambeaux à
50 liv. . . . . . . . . . . . 7500.
Assortiment de Girandoles
de Cheminées & d'En-
coignures. . . . . . . . . 20000.
Serre à papier , Garde-vue ,
Flambeaux de Breland ,
Lanternes , Crochets de
Montre, Ecritoires & au-
tres petits objets. . . . 10000.
Plateaux de desserts & dé-
corations. . . . . . . . . 6000.
Assortiment d'Argenture... 6000.
Porcelaines & autres Vases
montés en Bronze. . . . 20000.
Porcelaines de Services &
d'Ornemens. . . . . . . , 12000.
Glaces & Lustres. . . . . . 12000.
L'Ebénisterie. . . . . . . . 30000.
Pour les premiers frais de
l'Etablissement , comme
Loyers , Régie & autres. 16000.
Avances à faire aux Ouvriers. 8000.

TOTAL . . . . . . . . . . 200300 liv.

( 59 )

Ces deux cent mille trois cent livres se
partageront en deux parties ; la moitié en
papiers de la main du Régisseur pour l'a-
chat des matieres premieres, des Glaces,
Porcelaines, Cristaux, &c. à six, neuf,
douze mois de terme ; les cent mille livres restant se distribueront en dix actions
de dix mille livres chaque : moi, régisseur,
j'en acquérerai trois, restent sept que je
présente à acquérir, & dont les possesseurs
partageront, au *pro ratâ* du nombre qu'ils
auront acheté, dans tous les bénéfices,
de quelle maniere qu'ils soient faits par le
commerce de la Maison, quand même
les fonds en marchandises se monteroient
à 250000 liv. ce qui doit être le plus, la
Maison ne devant pas s'accabler de son
propre poids.

Pourront les Intéressés se faire rendre
compte tous les mois par les Caissiers,
Teneurs de Livres & autres commis à la
manutention du Commerce.

Pourront retirer leur bénéfice tous les
ans. Pourront vendre, céder, transporter
leursdites actions, aux termes du contrat.

Pourront avoir recours dans tous les cas
sur les trois actions du Régisseur, sur
20000 liv. de créances qu'il se soumet de
déposer chez le Notaire qui passera l'acte,

& sur tous ses autres biens , non-seulement pour les fonds des actions , mais même pour l'intérêt à six pour cent.

Pourront les Actionnaires concerter tous les moyens propres à rendre l'entreprise aussi avantageuse que stable , en faire part au Régisseur , & le forcer à les adopter , quand la pluralité des voix sera contre lui , comptant néanmoins la sienne pour deux ; le nombre d'actions ne donnera pas plus de droit à cet égard , que si l'on n'en eût qu'une.

Ne pourront les actions être portées à plus de dix , sauf que le Régisseur ne trouve convenable de les augmenter jusqu'à quinze , ce qu'il ne pourra faire qu'avec ses propres fonds comptants , & lesquelles actions seront comme les précédentes cautions vis-à-vis les actionnaires.

Moi , Régisseur , je me soumets à toutes clauses & conditions que raisonnablement l'on peut exiger ; je me soumets à représenter en tout temps un fonds en marchandises ou effets équivalens de 200000 l. dont la moitié , prix des dix actions , & les 100000 autres en mon papier dont je serai seul responsable.

Toutes créances jugées mauvaises par voie de scrutin , comme ci-dessus , après une année due , resteront pour le compte du Régisseur qui sera obligé d'en payer le montant à la caisse , au prix coûtant des marchandises vendues.

Ne pourra le Régisseur changer de logement, discontinuer l'association, s'il le demande , qu'à la pluralité des voix, sauf le cas où les 50000 livres & tous les autres biens du Régisseur ne seroient pas suffisans pour répondre des événemens d'une année aux Actionnaires , lesquels pour lors seront les maîtres de dissoudre l'association , de retirer leurs fonds & même l'intérêt. Cette association sera faite pour neuf années consécutives , au bout duquel tems le Régisseur sera tenu de rembourser les Actionnaires en argent comptant.

Ne pourra le Régisseur faire commerce quelconque , toucher argent , donner billets en paiement , en recevoir, sans les faire porter sur les livres , sous telles peines qu'il plaira aux Actionnaires lui imposer dans l'acte à passer.

Sera le Régisseur maître d'acquérir les actions des Actionnaires qui pourroient mourir pendant les neuf années en payant le montant aux héritiers.

Sera passé au Régisseur 30000 liv. pour

les frais de régie , comme loyers , bois , lumieres , tables , gages pour les Commis & autres perfonnes attachées aux opérations du commerce feulement , & non de la Fabrique : cette fomme n'aura lieu que dans le cas où la Maifon aura bénéficié de 50000 liv. à la fin de l'année , ce qui n'arrivant pas , il lui fera diminué à proportion , comme , dans le cas contraire , il lui fera augmenté.

Auffi pénétré que convaincu de la réuffite avantageufe de mon projet , je donnerai les mains à tout ce qui pourra contribuer à fon établiffement. Si le cas arrive que je rencontre un affocié qui pût faire les fonds en tout ou en partie , il fera le maître de régir la caiffe & les livres , en outre de l'intérêt des actions qu'il pourroit acquérir , il touchera encore les émolumens attachés à la place qu'il occupera ou fera occuper. Le Régiffeur fe réfervant feulement l'infpection fur le fabricant & le commerce exclufivement , fans déroger aux claufes ci-deffus.

La Maifon fe chargera des dépôts de Porcelaines françoifes & étrangeres , ce qui produira un affortiment néceffaire fans fonds à avancer.

Le dépôt des mouvemens de Suiffe & d'ailleurs.

La Maison se chargera de toutes especes de commissions françoises & étrangeres, en fera rentrer les honoraires dans le bénéfice à partager, à l'exception d'un quart passé au Régisseur, pour les frais de cette partie qui doit devenir conséquente.

Les remontages des Pendules que la Maison vendra à Paris, moyennant la rétribution de 24 liv. par année, au profit de la Maison : les frais tomberont dans la régie.

L'Etablissement d'un Entrepôt de toutes sortes de marchandises analogues au commerce de la Maison, dont les Particuliers voudront se défaire sans en exiger les fonds qu'après la vente faite, lesquelles pourront être déposées dans un Magasin destiné à cela, moyennant deux pour cent du prix que l'on voudra les vendre : les deux pour cent resteront dans tous les cas pour frais de régie, & cinq pour cent, les objets étant vendus ; un quart du bénéfice sera passé au Régisseur pour payer les frais qu'elle occasionnera.

Si la position & la grandeur de l'Hôtel que la Maison occupera, lui facilite la location de quelques grandes pieces, elle pourra les louer avantageusement à un Orfèvre grossier, Marchand de Modes, de Tableaux, Bijoutier ou autres.

L'Etablissement le mieux fondé ne peut acquérir une confiance assurée, une préférence marquée, une suite de prospérités, qu'en réveillant sans cesse (si l'on peut ainsi parler) l'esprit du Public sur la perfection qu'elle desire mettre dans les ouvrages de sa Fabrique. Pour parvenir à mériter ces égards, la Maison accordera de tems à autres des prix calculés sur les avantages qu'elle pourra retirer de la meilleure maniere de fondre, de dorer, &c. les Papiers publics annonceront ses vues.

La valeur des prix accordés, les découvertes faites, les avantages qu'il en résultera, & le nom de ceux qui les auront remportés, si toutefois ils le desirent.

Les Modeles qu'elle exécutera seront également chez elle le prix de l'émulation. Les Eleves en Dessein & Sculpture seront invités, encouragés à former dans un attelier qui leur sera destiné un cours d'étude profitable & lucrative ; profitable, en ce que la Maison pensionnera un Artiste connu pour éclairer leurs travaux, les former aux bons genres lucratifs, en ce que chaque idée de modeles que le Public où la Maison desirera faire exécuter, fera propofé , par prix fixé , dont les deux tiers feront accordés à celui qui aura mieux rendu l'objet, & l'autre tiers aux deux concurrens qui en auront le plus approché. Cet attelier, comme tous les autres, fera ouvert au Public, pour recevoir les idées, les deffiner, quand ce feront des ouvrages deftinés à faire exécuter dans la Fabrique.

Moi , Régiffeur, pour contribuer de tout mon pouvoir à ce qui peut tendre au bien de la chofe , pour donner des preuves non équivoques de mon dire, pour annoncer l'ouverture de la Maifon avec tous les avantages que l'on pourra en attendre par la fuite, je déclare, que je diminuerai les marchandifes qui forment mon fonds d'un quart du prix de ce qu'elles coûtent à fabriquer actuellement.

La fortune de la Maifon exige ce facrifice fubit, afin de ne pas rallentir les acquifitions, jufqu'à ce qu'elle ait opéré par elle-même ; elle exige que le réfumé de fon Mémoire paffe chez les Négocians & Banquiers tant François qu'Etrangers ; elle exige que fes opérations & fa réputation fe répandent chez toutes les Nations commerçantes ; elle exige que fes fonds en marchandifes n'excedent jamais 250000 l.

Pour cela elle doit éviter l'établissement
& l'acquisition d'objets de haut prix,
parce que leur mutation n'est pas assez ra-
pide ; sa grande politique est de faire do-
miner le goût de ses ouvrages, de fixer le
luxe par la sagesse de ses modeles, par
la confiance de son commerce, par l'é-
tendue de sa spéculation ; elle doit s'en
tenir de joindre pour accessoires aux articles de grande consommation des modeles
précieux, fruit du génie & de l'émulation
des Artistes concourans. Ces modeles
exécutés en cire seulement donneront au
Public l'idée de ce que la Maison est en
état de faire, & ne seront exécutés en
Bronze que sur prix convenu avec le Particulier qui les préférera à ceux que la
Maison aura établis. Ces Modeles disp...en-
dieux lui fourniront un assortiment ...
par le luxe, & rempliront le vuide qu'elle
paroît s'interdire dans les objets de
grande valeur, sans que la masse de ses
fonds en soit altérée ; d'ailleurs, par sa
maniere d'opérer, elle sera en état de
présenter des ouvrages précieusement
traités, au même prix que se vendent actuellement les inférieures ; pour en con-
vaincre, je me contenterai d'expliquer
d'une maniere plus claire ce que j'ai dit

en parlant des Fondeurs & des Doreurs.

Le premier, dans les mains de qui paſ-
ſent les modeles en cire, préſente beaucoup à gagner pour la perfection, en ce
que la Maiſon détruiſant l'intérêt particulier qui regne dans cet état en fera le
ſien propre, récompenſera le talent juſqu'à ce qu'elle ſe procure un Artiſte capable, tel que ceux qui nous ont laiſſé ces
chefs-d'œuvres exécutés ſous Loüis XIV,
& tel encore que ſont actuellement les
Fondeurs d'Italie, où cet Art s'eſt con-
ſervé, où le modele fondu en cire, perdu,
conſerve toutes les beautés, les fineſſes,
les attitudes, le précieux donné à la cire.
Cet avantage incroyable perdu de nos jours
par la diviſion d'intérêts, doit ſe retrouver;
rien de plus certain; en le retrouvant,
l'on ſupprime une grande partie de la cizelure & de la monture, ouvrage auſſi
long que diſpendieux; l'on ſupprime ces
déplacemens de membres & de tous autres ornemens, ſouvent même leurs rac-
courciſſemens; l'on ſupprime les ſoudures
légeres & mal-faites que l'eau forte ronge,
ce qui occaſionne des frais conſéquens,
dépérit l'ouvrage; par l'obligation de
faire rougir la piece nombre de ſois, ce
qui enleve une crême, & avec elle la pré-

cieufe fineſſe que l'outil du Cizeleur avoit fait ſentir. Souvent même, après tous ces faux frais & ces déſagrémens, le Doreur ne peut maſquer ces vices, & la marchandiſe ſe livre avec des interſtices remplis de mercure & d'eau forte qui, avec plus ou moins de tems, minent la partie où il ſéjourne, la fait pouſſer au verd-de-gris, & la dépérit entierement.

De plus, la ſuppreſſion de la moitié du poids que peſent nos ouvrages actuels, expérience que j'ai faite, & que je m'offre de prouver.

L'emploi d'une matiere pure, la plus propre à recevoir l'or, cette matiere tirée en droiture, ſupprimera les intermédiaires qui ſe rencontrent actuellement avant l'acquiſition qu'en font nos Fondeurs plus occupés de leur main-d'œuvre que du commerce.

La dorure préſente un avantage non moins conſidérable, par l'épargne de la matiere de haut prix employée dans cette partie. Malgré l'uniformité du travail propre à cet état, ſa facilité à le bien exercer, je n'ai rencontré que très-peu de Doreurs, pour ne pas dire point, qui la ſuivent ; très-peu employent l'or en chaux, comme je l'ai dit, quoique plus profitable d'un quart. Beaucoup font ufage d'or laminé ou de ducat. Cet or eft à plus bas titre , fe diffout moins bien , & par conféquent ne peut offrir fur le cuivre que le même coup d'œil qui les différencie l'un de l'autre avant l'emploi fait ; & l'expérience m'a prouvé que le dernier perd encore. Tous employent l'or en feuilles , les moins fortunés plus que les autres. Cette maniere ruineufe de dorer ne fe doit qu'au crédit que l'on a dans cette partie , ce qui fuffiroit feul pour prouver mon dire. Cet or fe vend depuis dix jufqu'à quatorze livres le gros , c'eft-à-dire , un certain nombre de feuilles qui ne pefent jamais leur poids , attendu que la main-d'œuvre du Batteur d'or qui n'eft pas de petite conféquence doit fe prendre deffus , ou fur la qualité de la matiere. Ces feuilles s'appliquent fur la piece quand elle eft avivée , contiennent à la vérité ce liquide dont elle eft enduite, s'empreignent avec la fuperficie du cuivre ; mais elles ne doivent être employées que fur un bon avivage d'or en chaux , fans quoi elles ne dorent , & fort mal , que les parties unies & fuperficielles de la piece , les fonds , les fouillures opérées par la cizelure, reftent pur cuivre ; la feuille fe déchire & ne

peut gagner les cavités ; la couleur , &
pire encore, la bronze appliquée deſſus
répare fort mal , & pour peu de tems ,
ces vices dangereux : de-là ces fonds noirs
& rouges qui ſont ſenſibles ſur la plupart
des ouvrages de nos jours, méconnoiſſa-
bles après quelques jours de ſervice ou le
premier nettoyage.

Un inconvénient non moins dangereux
à ſupprimer, ce ſont les noyaux que les
Fondeurs laiſſent ſubſiſter dans les pieces
creuſes, ce eſt qui de leur intérêt, parceque
c'eſt autant de poids de plus : le Cizeleur le
laiſſe également , parce que c'eſt une
peine de moins à l'ôter, & que ce n'eſt
pas lui ni pour lui que ſe dore la piece.
Le Doreur à qui cela donne beaucoup de
difficultés la ſçait faire valoir au Marchand pour en tirer un plus haut prix.
Celui-ci la vend : le noyau ſpongieux s'eſt
abreuvé d'eau forte & de mercure que la
chaleur n'a pu détruire. La piece porte
donc avec elle le germe d'une deſtruction
violente & prompte dont perſonne ne peut
s'apperçevoir.

La ſuppreſſion des eſcomptes dans ces
deux états offre à elle ſeule un bénéfice
conſidérable. Je rougirois d'en apporter
ici le calcul ; il me ſuffit de dire qu'elle ſe
reverſe ſur le prix des marchandiſes.

*Objections contre l'Etablissement projetté d'une Maison fabricante & commerçante.*

## Premiere Objection.

Je ne donne point ici le Plan détaillé de mon Etablissement : mon objet n'est que de prouver son utilité & la certitude du succès ; cependant les Objections suivantes & mes Réponses en feront connoître quelques parties.

*Objection.* Combien de semblables projets ont ruiné les Entrepreneurs ?

*Réponse.* Les entreprises qui n'ont pas réussi n'annoncent pas plus que je ne réussirai point, que celles qui ont réussi ne prouvent que je réussirai.

Pour que ces mauvais succès puissent m'être vraisemblablement objectés, il faudroit montrer que mon Plan participe aux vices qui ont fait échouer ces projets.

Il ne s'agit ici ni d'élever des édifices fastueux qui ruinent un établissement avant qu'il soit commencé, ni de vaincre de grands obstacles avec des forces disproportionnées, ni de confier une entreprise

importante à des mains étrangeres & fuf-
pectes , ni de fonder une fortune fur une
révolution de goûts & de modes , ni d'attendre un fuccès de la vanité des promeffes
& des féductions , &c.

Je calcule fur des élémens connus &
certains.

Quand on ne réfléchira pas que dans
tous les tems Paris a bu des eaux de la
Seine , telles qu'elle les donne , fans en
être incommodé , on pourra facilement
fe tromper dans l'attente d'un grand débit
d'eaux filtrées.

Quand on ne confidérera pas qu'il y a
dans le fein de Paris divers Spectacles in-
téreffans ou agréables que la Nation aime,
& qui lui fuffifent , on n'élevera au loin
qu'un Colifée chancelant.

Si l'on n'a point mefuré les bornes de
la confommation des Indiennes , des Porcelaines , &c. compté le nombre des Fabriques & des Manufactures en concurrence , comparé le prix du commerce
établi avec ceux de la fabrication projettée;
on pourra fort bien n'élever que des
ruines.

Aucun inconvénient femblable dans
mon projet.

II.

## I I.

*Objection.* Si votre Projet est bon, s'il réussit, vous aurez des imitateurs & des concurrens. La premiere année où votre Maison sera seule, ne vous sera pas très avantageuse, parce qu'il faudra du tems pour exécuter les modeles sur lesquels vous comptez beaucoup pour vous assurer la prépondérance, & pendant ce tems-là vos rivaux en feront autant. Par l'effet de cette concurrence, le prix des marchandises tombera, l'avilissement suivra, le goût de l'opulence changera, parce qu'elle verra les Particuliers attirés par les bas prix, faire des acquisitions de ce genre.

*Réponse.* Si mon Projet réussit, j'aurai d'abord par-devers moi le succès : il n'y aura que mon succès qui pourra déterminer à faire la même entreprise. J'aurai donc cette avance sur ceux qui la tenteront.

Le succès accréditera ma Maison, & j'aurai l'avantage du crédit acquis sur ceux qui voudront en élever une semblable. J'aurai gagné la confiance ; & comme au-

F

teur d'un projet bon & bien exécuté ;
les présomptions & l'opinion seront pour
moi.

Je n'attends pas la réputation de ma
Maison, des seuls modèles qu'elle acqué-
rera ; j'en ai déja rassemblés un bon nombre qui étoient épars, & sont inconnus,
& je puis m'en procurer des Artistes les
plus habiles, sous la condition qu'ils n'en
donneront pas de semblables, & avec dé-
dit dans le cas contraire, suivant les dis-
positions de la Loi.

J'offre divers autres avantages ; & quoique l'exécution de mon projet ne soit pas
d'une extrême difficulté, elle demande un
concours de zele, d'intelligence, de travail, de soins, & en quelque sorte de dé-
vouement dont il est peu de personnes
capables. Sur la route que j'aurai tracée,
je serai le premier placé devant le Public,
& je ne le céderai à personne en efforts.
A seize années d'expérience, je réunis
de l'ardeur & des vues.

Cette concurrence ne peut gueres s'é-
tendre hors de Paris, parce que ce n'est
gueres que là qu'on peut se flatter de
rassembler tous les genres d'habiles Artistes
qui concourent à cette fabrication ; elle
est bien moins à craindre de la part de l'E-
tranger.

Quant à la chûte des prix des marchandifes, ce danger ne pourra exciter que
de la concurrence immodérée qui ne fçau-
roit avoir lieu. Aucune Maifon ne pourra
vendre à plus bas prix que la mienne fans
travailler à fa ruine. Quant à l'aviliffement
de la marchandife, dans l'opinion des
confommateurs, elle n'eft nullement à
appréhender par la valeur des matieres;
valeur qui fe conferve, la foutient, & le
haut prix des ouvrages confidérables les
met hors de portée des confommateurs
communs; & l'avantage d'unir à la folidité,
à la durée l'agrément, les beautés lui, af-
fure une préférence conftante fur tous
les autres genres de marchandifes qu'on
entreprendroit d'y fubftituer. Le goût ruineux des futilités cheres, des colifichets,
des breloques, fans valeur intreinfque,
paffera fans doute, le goût fage des chofes folides, durables, agréables, utiles,
& qu'il eft en quelque forte impoffible de
fuppléer, ne paffera pas; elle ne fera
que s'étendre, & d'autant plus que l'acquifition en fera facile.

## I I I.

*Objection.* Comment raffembler & re-

tenir chez vous tous les Ouvriers néceſ-
ſaires à l'établiſſement d'une volumineuſe
fabrication & d'un vaſte commerce.?

*Réponſe.* Par les avantages qu'ils trou-
veront dans ma Maiſon , tels que la certitude d'un emploi conſtant , un bénéfice
honnête & plus aſſuré que par-tout ailleurs ;
la ſatisfaction d'être attaché à un Etablif-
ſement accueilli du Public ; l'avance gra-
tuite d'un attelier , un ſort tranquille,
ſans ſoins & ſans perte de tems , pour
ſe procurer des pratiques , & autres que
j'ai indiqués. L'émulation que j'exciterai,
ſera un atttait pour les jeunes gens qui
voudront ſe perfectionner. L'ordre qui
régnera par la vigilance ſera un appât qui
engagera les parens à procurer des ſujets.

## I V.

*Objection.* Les Deſſinateurs , Sculpteurs & Modeleurs ſont des Artiſtes qu'il
vous ſera difficile d'attacher à votre Maiſon : de-là dépend toutefois un de vos principaux avantages ; car ſi vos modeles ſe
font ailleurs que chez vous , vous ne les
aurez qu'à l'enchere, & ſouvent trop tard,
vous courez riſque de les voir piller.

*Réponse.* Je sçais les égards, les mé-nagemens, les attentions que demandent ces genres d'Artistes : & je les aurai logés chez moi, admis à ma table, présentés au Public comme premiers moteurs de la Fabrique, libres de suivre leurs études à l'Académie, libres de recevoir leurs Confreres dans l'attelier destiné à l'exposition de leurs travaux : mes amis, que leur ref-tera-t-il à desirer ? où trouveront-ils plus d'avantages, quels agrémens auroient-ils à regretter? Paris fourmille de jeunes gens qui, pour n'avoir pas une grande célébrité, n'en ont pas moins de talent ; il me suffit d'en attacher trois à ma Maison. Leurs Confreres, empressés à se réunir avec eux, pour s'éclairer réciproquement, formeront dans l'attelier destiné à les recevoir un cours d'études : de-là l'émulation, le con-cours des lumieres, les élans du génie & des modeles précieux, par le choix & la variété des sujets, par leur ensemble, par la légereté & la solidité de l'exécution. Le Cizeleur trouvera beaucoup à gagner auprès du Modeleur ; chaque Artiste re-connoîtra bientôt quels fruits il peut re-cueillir de cette association.

## V.

*Objection.* Ne craignez-vous pas que vos modeles pillés, n'importe, comment il n'arrive, ce qui se voit tous les jours, qu'un ouvrier étranger à votre Maison ne l'établisse à meilleur compte, qu'il ne nuise à la réputation de votre Maison, & ne vous décrédite?

*Réponse.* Cet abus ruine les Ouvriers & le Commerce. Qui en est la source? Un Ouvrier vend à un Marchand un surmoulé fort au-dessus de son véritable prix ; on incorpore avec le prix du surmoulé partie du montant qu'a coûté le modele ; le même objet de marchandise varie de prix d'une Boutique & d'un jour à l'autre, quelquefois d'un quart & de moitié. Ainsi le pillage est excité par une cherté factice & excessive : la confiance est détruite par d'énormes variations ; mais notre Maison qui fonde sa prospérité sur la bonne foi, l'équité, la droiture, & qui ne voudra pas sapper ses propres fondemens par la finesse, les infidélités, les manœuvres, ne vendra au Public que le prix réel de la piece & au meilleur compte possible ; elle

ne fera point payer un inſtant de poſſeſſion qu'elle aura de plus ſur d'autres Magaſins. Le modele eſt un fonds qui lui reſtera , ſans qu'elle en reverſe le prix ſur
deux ou trois ſurmoulés. C'eſt en vendant plus de ſurmoulés , qu'elle obtiendra
ſûrement & plus ſûrement l'intérêt de ſes
avances. Ainſi l'intérêt qu'on a de piller
contre un trafic déſordonné & une cupidité immodérée , on ne l'a pas contre
une Maiſon qui ſuit les véritables regles
du Commerce , qui ſert bien le Public ,
& qui ſe borne au moindre bénéfice légitime. On continuera de piller celui qui
ſurvend ; on n'entrera qu'avec les plus
grandes précautions en concurrence avec
celui qui vend au meilleur compte poſſible.

## V I.

*Objection.* Comment parer à la négligence des différens Ouvriers dans les
ouvrages qu'ils auront à vous livrer ?

*Réponſe.* En mettant un homme à la
tête de chaque claſſe , inſtruit dans la partie, capable, connoiſſeur, ſage , intéreſſé
au maintien de la choſe, chaque ſurveil-
lant ſurveillé par moi me rendra compte

de ce que je n'aurai pas pu voir , & de ce qui concerne les Ouvriers , tant au dehors qu'au dedans de la Maiſon; d'ailleurs je fourrai moi-même à chaque Ouvrier les matieres premieres & du meilleur choix. Par exemple , pour l'Horloger , la Maiſon tirera les meilleurs mouvemens des Fabriques les plus renommées , & qui s'intéreſſeront au ſuccès d'une grande Fabrique ; au lieu que les Marchands courent actuellement beaucoup de riſques dans l'acquiſition des mouvemens en blanc qu'on leur fournit le plus ſouvent mauvais : par-là on ſera certain de la qualité du premier élément conſtitutif d'une bonne pendule ; de même , la Maiſon ſe procurera le meilleur or pour le Doreur , la meilleure fonte pour le Cizeleur , &c. Ainſi bonne matiere d'une part, & de l'autre , main-d'œuvre éclairée, inſpectée, encouragée.

## V I I.

*Objection.* Plus votre commerce ſera conſidérable , plus vous aurez de crédit à faire : grand inconvénient qui ruine ſouvent les mieux fondés.

*Réponſe.* Si l'on accorde à ma Maiſon quelqu'avantage ſur le Commerce actuel, les inconvéniens feront moindres pour moi que pour mes Confreres. Par la réunion de plufieurs branches analogues aux befoins de ce genre, chacun trouvera plus de facilité à acquérir & à s'affortir, & cet avantage & le meilleur marché donneront plus de facilité à payer. Le crédit eft libre & n'eft ruineux que pour ceux qui font imprudens, & qui le font payer très-cher. Si un particulier gêné dans le moment par une acquifition de Terre qu'il veut meubler, d'un Hôtel qu'il veut rebâtir, préfere une Maifon fabricante à une brocanteufe ; s'il y trouve plus de bénéfice & de fûreté jufques dans les plus petits détails d'affortiment, fi elle lui procure en un mot des avantages certains, il ne refufera pas un engagement convenable, un dédommagement jufte, les fûretés enfin que le commerce, & fur-tout un commerce franc & loyal, a droit d'exiger. De deux chofes l'une, ou l'acheteur veut payer, & alors peu lui importe de me donner une bonne affurance, finon les procédés d'un Négociant dans le cas contraire font affez connus.

## VIII.

*Objection.* En bornant vos bénéfices ;

ne compteriez-vous point par hazard les
étendre en embraſſant des nouvelles branches de commerce avec l'Etranger , & ſur
quoi vos eſpérances ſeroient-elles fon-
dées ?

*Réponſe.* Je pourrois eſpérer qu'une
réputation étendue & bien méritée me
concilicroit la confiance des Etrangers ;
& à la ſolidité de la Maiſon , ſe join-
droit ſa bonne renommée, pour les engager à lui donner leurs commiſſions. Un
homme intelligent à la tête de cette
grande entrepriſe ne manquera pas de
profiter des relations extérieures , pour
découvrir les débouchés que les Pays
Etrangers peuvent offrir aux marchandiſes
du Pays , les objets d'échange les plus
avantageux que pourroit leur offrir la
France , les moyens de communication ,
de tranſport les plus faciles , les plus ſûrs ,
les moins diſpendieux. Combien de branches de commerce mortes qu'on pourroit
ranimer ; combien de branches nouvelles
qu'on pourroit créer avec ces connoiſ-
ſances qu'aucun Négociant ne cherche à
acquérir , & dont la création ou la révi-
vification ne paroîtra chimérique que
parce que l'on ignore & l'on veut ignorer
l'état des choſes, des beſoins réciproques,

des moyens qui font dans la nature &
l'ordre exiſtant.

## I X.

*Objeƈtion.* La réuſſite de votre projet
me paroît effrayante pour le reſte du commerce.

*Réponſe.* Qu'importe à l'Etat par qui
le commerce fera fait , pourvu qu'il
proſpere : cette objeƈtion eſt contradiƈtoire
à la feconde ; on difoit tout-à-l'heure que
les Maiſons concurrentes renverſeroient
la mienne ; on dit à préſent que la mienne
les renverſera. Tenons-nous en donc au
juſte milieu ; ces objeƈtions font détruites
l'une par l'autre.

Un Privilége excluſif feroit vraiment
effrayant , non-feulement pour les marchandifes ordinaires , mais pour le commerce en général. Perſonne n'eſt plus
éloigné que moi que de recourir à de
tels moyens. Je ne ferai qu'uſer de mon
droit ; chacun pourra de même uſer du
fien, la concurrence fera libre ; il eſt
juſte & néceſſaire que celui qui méritera
le prix l'emporte.

Ce que je ferai , tout le monde pourra
le faire. Il ne s'agit point d'un travail té-
nébreux , enfermé dans un laboratoire.
Mon plan , mes opérations , tout fera

mis au grand jour. Libre à chacun de m'imiter, si je fais bien ; libre à chacun de mieux faire, si l'on a plus d'industrie. Qui souffrira ? Celui qui le voudra ; l'homme négligent, dissipé, dérangé, de mauvaise foi. Qu'y perdra-t-on ? des abus, des fraudes, des vexations : le résultat sera donc le bien.

## X.

*Objection.* Supposant votre Maison montée, la mort peut vous enlever : cet événement causeroit une perte réelle à vos associés, parce que peu d'hommes entendant comme vous cette manutention, on seroit obligé de vendre les fonds, & il y auroit beaucoup à perdre.

*Réponse.* Je ne puis pas donner caution pour ma vie : tout ce que je puis dire, c'est que je ne suis ni vieux ni infirme. Cette objection arrêteroit presque tous les genres de projets ; car en tout il y a ce genre de risque à courir. Dans mon entreprise, le risque de perdre par ma mort est presque nul, puisqu'il ne me faut qu'un an de vie pour faire face par le bénéfice & la perte qu'on pourroit à craindre. Il est réellement nul, puisque outre ce bénéfice je dépose cinquante mille liv. qui répondront des choses que pourroit souffrir un capital de 25000 liv. toujours représenté dans mon Magasin par la valeur réelle de marchandises de pareille somme; enfin, dans la vente de ces marchandises, il ne sçauroit y avoir une perte notable, puisque par ma maniere de fabriquer elles seront au-dessous des prix auxquels elles se vendent actuellement dans les inventaires les plus favorables aux acquéreurs.

## X I.

*Objection.* Qui répondra que les cinquante mille livres vous appartiennent, & que vous ne devez pas une somme plus forte que celle-là ?

*Réponse.* Je ne puis pas physiquement prouver le contraire ; mais il est clair qu'il me seroit impossible de cacher mes dettes & la tromperie à mes associés, au teneur de livres, à l'inspecteur des registres ; il faudroit donc être le fripon le plus avéré, le plus inconséquent, le plus mal-adroit, le plus insensé, pour former une pareille entreprise. Qu'y gagneroit-on? De se perdre aussi-tôt sans espoir. Une réputation acquise par seize années de commerce, l'exactitude la plus scrupuleuse à payer jusqu'à huit mille livres par

mois, l'état conflant de mes affaires, ne
laiffent pas même lieu au moindre foup-
çon. D'ailleurs quand il fe préfentera des
affociés & des coopérateurs, je leur ferai
la repréfentation de mes dettes duement
enregiftrées, & je me foumets par l'acte
à paffer à toutes les claufes & conditions que
l'on voudra, fi quelqu'un découvre cent
livres de dettes de plus que je n'aurai dé-
claré. Si l'on a d'autres moyens de s'affurer
de ma bonne foi, je m'y foumets égale-
lement. Qu'on exige de moi tout ce qu'on
peut attendre de la probité, de la droiture, de l'intégrité, je m'y foumets.

La néceffité d'abréger ne m'a pas permis
de donner fur mon plan des détails qui
auroient paru minutieux dans un écrit tel
que celui-ci, quoiqu'ils foient de la plus
grande conféquence pour les fpéculations
que je préfenterai aux Intereffés. Je leur
ferai connoître toutes les branches & jufqu'aux plus petits rameaux de mon projet.
La prudence vouloit auffi que je me ré-
fervaffe une partie des vues & des moyens
qui en démontreront l'utilité & la bonté
dans toute fon étendue. Quand le nombre compétent de mes Affociés fera fixé
& acquis, je les prie de faire attention
qu'au moyen de dix mille livres, prix
de chaque action, ils partageront dans

l'intérêt de vingt mille, attendu, comme il eſt expliqué dans mon projet, que je fournirai la moitié de deux cens mille livres en papier dont je ſerai moi ſeul reſponſable ; en conſéquence, ſi, contre toute vraiſemblance, je ne portois pas la totalité des affaires annuelles à plus d'un million, ce qui n'eſt pourtant que le taux de pluſieurs maiſons actuelles ; ſi l'on réduiſoit le commerce de la Maiſon à ſix cent mille livres ; il y auroit toujours un intérêt de ſix mille livres pour chaque action.

Si mon projet réuſſit, j'aurai fait une entrepriſe utile au Public & à l'Etat ; & ma récompenſe ſera celle d'un bon Négociant patriote ; ſinon, j'aurois du moins la ſatisfaction d'avoir démontré les abus d'un commerce important, & indiqué les moyens d'y remédier ; & il ne me reſtera que la récompenſe d'un vrai Citoyen.

## F I N.

---

*Nota.* L'évidence des preuves que j'ai à donner eſt ſi claire & ſi certaine, qu'elle ne laiſſe aucun doute ſur le ſuccès de l'entrepriſe : cette partie intéreſſante de mon Ouvrage reſte dans mes mains ; les perſonnes qui voudront en prendre connoiſſance, ſont priées de s'adreſſer chez moi.

*RÉCAPITULATION des Intérêts divisés dans la Fabrication actuelle des Bronzes.*

I. Le Modeleur.

II. Les intermédiaires qui se rencontrent dans l'acquisition des Cuivres, avant qu'ils ne parviennent aux Fondeurs.

III. Le Fondeur.

IV. Le Cizeleur.

V. Le Monteur.

VI. Le Marchand d'Or laminé ou de Ducats.

VII. Le Batteur d'Or.

VIII. Le Doreur.

IX. L'Horloger.

X. Le Taillandier.

XI. Le Marchand.

XII. Dans le Commerce étranger, les Commissionnaires.

www.ingramcontent.com/pod-product-compliance
Lightning Source LLC
LaVergne TN
LVHW052159050726
842523LV00017B/422